Christoph Meckel *Jahreszeiten* · Verlag für zeitgenössische Kunst · Berlin 1984
Herausgeber: Volkhard Bethke

CHRISTOPH MECKEL
JAHRESZEITEN

Verlag für zeitgenössische Kunst · Berlin

Abbildung Schutzumschlag (Ausschnitt)
Blatt 5, Zyklus III
Sommer in der Stadt 1977

Erste Auflage im September 1984
© Verlag für zeitgenössische Kunst

Ausstattung und Layout	Volkhard Bethke
Reproduktionen	Fotolito Longo S. p. A., Frangarto
Satz	ABC Satz und Druck, Berlin
Druck	Brausdruck GmbH, Heidelberg
Buchbinder	Fikentscher KG, Darmstadt
Vorzugsausgabe	ISBN 3-923903-05-7
Normalausgabe	ISBN 3-923903-04-9

Inhalt

Seite 8	Zyklus I	*Kalter Mai*
Seite 22	Zyklus II	*Beginn eines Sommers*
Seite 36	Zyklus III	*Sommer in der Stadt*
Seite 50	Zyklus IV	*Die Hundstage*
Seite 64	Zyklus V	*September*
Seite 78	Zyklus VI	*November*
Seite 92	Zyklus VII	*Die Nässe*
Seite 106	Zyklus VIII	*Ende eines Winters*
Seite 119	Nachwort	*Zu den Bildmappen*

Kalter Mai

Zyklus mit sechs Zeichnungen

Technik: Buntstift, Gouache, Ölkreide · Originalformat: 45,2 x 62,4 cm

Kalter Mai   gezeichnet und aufgeschrieben in Remuzat La Combe
22.-26. Mai 1983

Monatelangem Frühjahrsregen verdanken wir ein kaltes grünes Land. Grüner Süden, bewachsene Felsen, wuchernder Farn. Das Gras wächst grasgrün in den grünen Himmel und friert. Der Holunder schweift über die Mauern und der Ginster versteckt seine Dornen in Blättern und Blüten. Das Brennesselproletariat hält die Wegränder besetzt. Der Brombeer duftet.

1.
Monatelangem Frühjahrs-
regen verdanken wir
ein kaltes, grünes
Land. Grüne Linden,
bewachsene Felsen,
wuchernder Farn.
Das Gras wächst
grasgrün
in den grünen Himmel
und führt.
Der Holunder
schreibt über
die Mauern und
der Ginster
versteckt
seine Dornen
in Blättern
und
Blüten.

Das
Brennesselproleta=
riat lässt die
Vegetation
besteht.
Der Brombeer
duftet.

Üppig und dick ist das Gras gemästet und saftig triefend und fett. Der Vierklee hat Ausgang auf allen Wiesen, die Malven breiten hutgroße Blätter aus. Auf glänzenden Stengeln dreht sich der sonnenhungrige Löwenzahn und der Epheu zieht grünes Wasser ins letzte Blatt.

2.

Üppig und dick ist das Grün
gemästet und saftig
triefend und fett.
Der Vierklee hat Ausgang
auf allen Wiesen,
die Malven
breiten hutgrosse
Blätter aus.
Auf glänzenden Stengeln
dreht sich
der sonnenhungrige
Löwenzahn
und der Efeu
zieht grünes
Wasser
ins letzte
Blatt.

Jedes Tier verwandelt sich in ein grünes Chamäleon. Grüne Spechte, grüne Kuckucke, grüne Schäferhunde und widerwillig grüne mißtrauisch grüne Bauernkater, auf der Jagd nach grünen im Gras kichernden Mäusen.

Jeder Baum ist eine frischgrüne Wolke und jeder Halm feiert stille Triumphe in Grün.
Die kalte tropische Drôme läßt Riesenschnecken einwandern und betreibt einen
lebhaften Handel mit Nachtigallen.

4.
Jeder Baum ist eine
frischgrüne Wolke
und jeder Halm
feiert stille
Triumphe
„in Grün".
Die kalte tropische
Dröme
lässt Riesenschnecken
einwandern
und betreibt
einen lebhaften
Handel
mit
Nachtigallen.

Grün ist die Friedensfarbe aller Länder, die Zukunft ist grün. Grün ist das Licht, der Regen und die Luft. Die Welt sitzt in den Bergen und wartet auf Sonne. Die Sonne ist grün und kalt und läßt auf sich warten. Der Mai hat abgesagt und ist in der Zukunft verschollen.

5.

„Grün ist die Friedensfarbe aller Länder, die Zukunft ist grün. Grün ist das Licht der Regen und die Luft. Die Welt sitzt in den Bergen und wartet auf Sonne. Die Sonne ist grün und kalt und lässt auf sich warten. Der Mai hat abgesagt und ist in der Zukunft verschollen."

Beginn eines Sommers

Zyklus mit sechs Zeichnungen

Technik: Buntstift, Feder, Gouache, Ölkreide · Originalformat: 43 x 60,8 cm

Beginn eines Sommers   Remuzat im April 1971

Abfahrt kaltes Berlin in der Nacht, die langen grauen Fließband-Autobahnen Deutschlands tuckernd in der demolierten Klapperkiste vollgepackt mit Büchern, Papieren, Schreibmaschine, Schwarzwälder Honig und Buntpapier, Maskottchen und Alkohol, Farben, Wettermänteln und unfertigen Bildern.

In der Breisgauer Bucht erwischt man den ersten Süden, die erste tolle wilde, im Wind wie Hagelkorn flatternde Blüte, und die kahlen Rebberge, in denen der Fasan wandert. Mit rübennasigen Weinbauern beladen, schaukeln Traktoren durch ausgeschwemmte Hohlwege. Sonnenräder drehn sich am himmlischen Feuerwehrwagen. Der süddeutsche Wind duftet nach Regenerde und altem Laubverfall. Die Hinterköpfe der Schwarzwaldberge tragen Schneepflaster. Auf dem Freiburger Münstermarkt stehn Bauerneimer voll frisch gerupfter Blumenwildnis. Vogelverrücktheit und wimmelndes Grasgrün über den Gräbern des Alten Friedhof.

Auf Frankreichs Landstraßen wärmen Vögel kalte Füße am sonnengebräunten Asphalt. Die Ebenen Burgunds im wetterwendischen Aprillicht. Später die schafsnasigen Berge des Drôme schwarze Schlagschatten und helle Steine, die sich wie Herdplatten in der Sonne erhitzen. Darauf braten wir unsere Winteraugen. Neugierige Bergbewohner sehn unserer Ankunft zu.

Unser Haus hängt am Berg und ist nicht abgerutscht. Grashänge, schwammig von Schneeschmelze und Regenwasser. Wir stehn wie der Ochs am Berg vor zugequollenen Türen, hantieren mit empfindlichen Schlüsselbärten in rostigen Türschlössern und können nicht in das Haus. Der alte Cornillac bringt Hammer und Meißel, zentimeterweise klopfen wir die Tür nach innen. Die Gewölbe haben sich in halbjähriger Winterarbeit zu Tropfsteinhöhlen gemausert. Der Tisch in der Küche trägt einen dicken Schimmelpelz. Die Weingläser stinken nach Fäulnis und die orangefarbenen Gardinen, einst Sonnensegel, sind pestfleckig und klamm. Die obere Hälfte des Hauses ist voll von trockenen Blättern. Staub auf Ziegelböden und Regalen. Die kleine Bibliothek ist eine verschlafene Armee von Büchern unter Kalkbröseln und Staub. An der Türschwelle frisches Gras. Die Pappeln sind struppig und kahl.

Der Nachmittag enthält dunklen Winternachlaß und funkelnden Sommervorschuß. In den Gebirgsmulden schallt das zu Tal schießende Wasser. Wir öffnen Fenster und Türen und sagen der Sonne: Komm rein! Der Wind braucht nicht gebeten zu werden. Er schnüffelt mit erkälteter Schnauze in unserem Krims und Kram, vermischt neue Papiere mit altem Staub, scharrt an den Ziegeln, schmeißt Regen nachts an die Hauswand. Der Tag setzt sich leuchtend in den Gardinen fest, und auf den Berghorizonten strolcht der Himmel mit schwerem Regenrucksack. Aber wir sitzen auf unseren Stühlen und atmen kleine Vögel ein. Der Sommer beginnt mit Farbe und Papier; man kann sich eine private Hoffnung leisten und in ungeschriebenen Büchern schlafen bis zur Veröffentlichung der Sonne.

Sommer in der Stadt

Zyklus mit sechs Zeichnungen

Technik: Buntstift, Gouache, Ölkreide · Originalformat: 43 x 60,8 cm

Sommer in der Stadt   gezeichnet 18.-22. Mai 1977, Kulmbacherstraße Berlin

Sommer in der Stadt

gezeichnet
18-22 Mai 1977
Kulmbacherstrasse
Berlin

Das ist der erste Sommer in der Stadt. Der Regen Regen Regen klatscht taglang nachtlang auf das Fensterblech und zischt im allereinzigen Hinterhofbaum. Morgens um halb vier hören wir die Amsel im Hinterhof in vollkommener Stille, später das Gurren der Tauben, dann kommen schon die Rolläden und die Flugzeuge, die Mülltonnen, die Radios und die Schulkinder. Dann kommt der Tag und setzt die Sonne ins Recht, sie setzt sich aufs Dach, da sitzt sie bis mittags um drei.

Morgens um 5 Uhr sind die Stadtparks leer. Außer Polizeiwagen und Pflastertretern kein schlafender oder aufgeweckter Mensch. Um diese Zeit kommen wir von einer Party zurück und trinken den letzten Wein oder den ersten Kaffee. Der Kurfürstendamm ist endlich leer. Auf den Trottoirs sind ein paar verfrorene Bouletten-Romantiker steifbeinig auf der Suche nach einer Sensation, die sich in einer Pommfritzkneipe auflöst in einen Kater. Alles wie immer

.. es gibt den wirklichen Sommer anderswo. Im Gebirge mit dem grünen Fluß und den Vogelbeerbäumen. Das Licht ist anderswo, der Horizont, die Bienen, der Wind und die schlafende Luft. Die Bäume das Gras, das Meer, der Schlaf und der aufgerissene Himmel. Aber hier ist der Staub die Kneipen in der Nacht, die Flugzeuge und der Rauch. Hier ist die erste Stufe in den Limbo.

3

es gibt den
wirklichen Sommer
anderswo. Im Gebirge
mit dem grünen
Fluss
und den Vogelbeerbäumen.
Das Licht ist anderswo,
der Horizont, die Bienen,
der Wind und die
schlafende Luft. Die Bäume
das Gras, das Meer, der
Schlaf und der außer meine
Himmel.
Aber hier ist
das Haus,
die Kneipen
in der Nacht,
die Flugzeuge
und der
Rauch. Hier
ist die erste
Stufe in
den Limbo.

Sommer! Sommer! Wir leben hier und hören die Amseln im Hof, herrlich in der Stille am Morgen, weit draußen vorm Fenster. Das ist nicht genug. Es ist alles. Das ist erst der Anfang. Dann gehn wir ins Kino fahren Autobahn, sitzen neben dem Himmel aufm Trümmerberg. Der Sommer wird veranstaltet von Hubschraubern, Badehosen, Bronchitis, schwitzenden Hochhäusern Caféstühlen und Musikboxen. Nachts laufen wir durch die Straßen und trinken wie es kommt. Es kommt! Es kommt! Guten Morgen!

Die Hundstage

Zyklus mit sechs Zeichnungen
Privatsammlung, Berlin

Technik: Buntstift, Gouache, Ölkreide · Originalformat: 36,2 x 51 cm

Die Hundstage   15.-18. August 1981, Bacchereto/Firenze, Casa Luigi Drovandi

Die Hundstage kommen mit ofenheißen Nächten und weißer Sonne, plötzlichen Hitzegewittern und Apathie. Der Bulldozer des Weinguts pflügt die Olivengärten, grauer Staub dringt durch Fensterritzen und pudert Papiere. Die Tage hängen schläfrig am Monte Albano, im einzigen Café der Gemeinde ist nichts los, die Musikbox dröhnt gegen die Berge. Waldbrände rauchen auf den Hügeln, das Knistern der Macchia ist weit zu hören. Heliocopter mit Wasserwerfern und Löschbomben. Fliegenschwärme am Fenster, bissige Moskitos.

Die Hundstage kommen mit ofenheissen Nächten und weisser Sonne, plötzlichen Hitzegewittern und Apathie. Der Bulldozer des Weinguts pflügt die Olivengärten, grauer Staub dringt durch Fensterritzen und pudert Papiere. Die Tage langen schläfrig am Monte Albano. In einzigen Café der Gemeinde ist nichts los, die Musikbox dröhnt gegen die Berge. Waldbrände rauchen auf den Hügeln, das Knistern der Macchia ist weit zu hören. Helicopter mit Wasserwerfern und Löschbomben. Fliegenschwärme am Fenster, bissige Moskitos.

Wir ruhen uns aus im Schatten der Mauern und Bäume. Eidechsen, Schlangen, Kröten und Mäuse sind schläfrig wie wir. Seifensiederhitze und trockene Blätter, Wein und Wasserlaune, der Eisschrank schwitzt. Die Gewölbe im Weingut sind dunkel und duften nach Kork. Die Katze träumt von eisgekühltem Mausefleisch.

Wir ruhen uns aus im Schatten
der Mauern und Bäume.
Eidechsen, Schlangen, Kröten und Mäuse sind schläfrig
wie wir. Seifenblasenlicht und trockene Blätter. Die
Wein- und Wasserlaune des Eisschrank schrift! Die
Gewölbe im Weingut sind dunkel
und duften nach Kork. Die Katze
träumt von eisgekühltem Mäusefleisch.

Der grüne Sommer wird gelb, matt und faul. Die getrocknete Zeit geht in Wüste über. Das Auto siedet am Fahrweg, die Kastanienbäume seufzen am Berghang, und die großen Werke der Menschheit wurden nicht im Sommer gemacht. Die Kunst hat hitzefrei und verschwitzt alle Farben. Wir wären gern in einer nördlichen Bucht, wo die kleine Schwester der südlichen Sonne lebt. Schweiß tropft auf das Zeichenpapier und die Farben schmelzen. Wir gehn uns selbst aus dem Weg und überleben in Badewannen, Weinflaschen.

Der grüne Sommer wird
gelb, matt und faul.
Die getrocknete Zeit geht
in Kruste über. Das
Auto siedet am
Fahrweg, die Kastanien-
bäume seufzen am
Berghang, und die grossen
Werke der Menschheit
werden nicht im
Sommer gemacht. Die
Kunst hat Lizenz frei
und verschwitzt alle
Farben. Wir wären gern
in einer nördlichen
Bucht, wo die kleine
Schwester der südlichen
gerne lebt. Schweiss
tropft auf das Zeichen-
papier und die Farben
schmelzen. Wir gehen
uns selbst aus dem
Weg und überleben
in Badewannen,
Weinflaschen.

Kühl und schön ist der frühe Morgen auf dem Berg – petit matin in einer leichten Brise. Brombeeren, süß und frisch im Morgennebel. Der Tau durchnäßt die Schuhe und beschlägt die großen Farne der toskanischen Tropen. Der Tag dreht sich um und läßt die Sonne machen. Die knackt in den Ginsterschoten und saugt das Laub aus.

Wir warten auf den Morgen, der den Sommer beendet. Er kommt mit Feuchtigkeit und kühler Brise aus dem Norden, öffnet die klaren, grünen Augen der Katze und macht uns glücklich. Wir kriechen in Shorts aus dem schlaflosen Ofen und beobachten die Ebenen bei Vinci, sie sind weit und hell. Wir sind aufgewacht und der Herbst kann kommen. Taumelnde Motten. Siesta. Indianersommer.

Wir warten auf den Morgen,
der den Sommer beendet.
Er kommt mit Feuchtigkeit und kühler Brise
aus Norden, öffnet die blauen, grünen
Augen der Katze und
macht uns glücklich. Wir
kriechen in Shorts aus dem
schlaflosen Ofen
und beobachten die Ebenen
bei Vinci, sie sind weit und
still. Wir sind aufgewacht
und der Herbst kann
kommen. Taumelnde Motten.
Siesta. Indianersommer.

September

Zyklus mit sechs Zeichnungen

Technik: Buntstift, Feder, Gouache · Originalformat: 35,4 x 49,7 cm

September gezeichnet und geschrieben in Bacchereto, Casa Drovandi
7.-12.9.1981

September

*gezeichnet und
geschrieben – in Bacchereto
Casa Drovandi
7.–12. 9.
1981*

September, Endmond aller Flammen, Indianersommer, lautlose Tage, Silberstaub in der Ebene und fließender Dunst an den Bergen. Das Gras fängt wieder zu wachsen an, Tau auf Schuhspitzen und Spinnweben, feuchte Rebhuhnbäuche, nasse Steine am Morgen. Die Schnecken wandern und vermessen das Land. Zypressen und Pappelspitzen im warmen Nebel. Die Olivenzweige beben in der kühlen Brise.

September, Endmond aller Flammen, indianer-sommer, lautlose Tage, Silberstaub in der Ebene und fliessender Dunst an den Bergen. Das Gras fängt wieder zu wachsen an, Tau auf Schuh= spitzen und Spinnweben, feuchte Rebhuhn= bäuche, nasse Heime am Morgen. Die Schwechten wandern und vermessen das Land. Zypressen- und Pappelspitzen im warmen Nebel. Die Olivenzweige beben in der küllen Brise.

Ich habe den Tisch an das Fenster gerückt und die Sonne eingeladen. Sie setzt sich auf das Papier und schüttelt Wespen aus dem heißen Pelz. (Ich kenne eine Sonne in Finnland, berühmt für ihre Bäder im Seenebel). Die Luft und das Licht sind Zwillinge, nicht leicht zu portraitieren, obwohl sie stillhalten in den Oliven vorm Fenster.

Ich habe den Tisch an das
Fenster gerückt und die
Sonne eingeladen. Sie
setzt sich auf das
Papier und
schüttelt Wespen
aus dem leisen
Pelz. (Ich kenne
eine Sonne in Finn-
land, berühmt für
ihre Bäder im
Seenebel). Die
Luft und das Licht
sind Zwillinge,
nicht leicht zu
porträtieren, obwohl
sie stillhalten in
den Oliven vorm
Fenster.

Das Gras unter den Eßkastanien wurde abgesichelt von Signor Drovandi Junior. Nachts hört man die Äste der Obstbäume brechen. Grüne Pfirsiche fallen zu Boden und werden an die Stallhasen verfüttert. Ein fauler Apfel rollt in den Haupteingang des Mäusepalastes, kein Vers hält ihn auf. Auf dem alten Verladeplatz der etruskischen Steinbrüche wird das Fest der Feigen gefeiert. Die Feigen fallen ins Gras und auf die Wege – grün, süß und matschig.

Man wird etwas faul, dumm und lyrisch an solchen Tagen. In den Städten ist das Licht nicht zu erkennen – wie könnte man Vorräte anlegen und die Bläue unterbringen für lange. Das Licht muß die Hügel und Weingärten haben, die schmutzigen Fenster des Hauses am Berg und den kleinen Tisch. Einpacken in ein Wort, zwei Farben genügen. Verabredungen für später.

4

Man wird etwas faul, dumm
und lyrisch an solchen Tagen.
In den Städten ist das Licht
nicht zu erkennen — wie
könnte man Vorräte anlegen
und die Bläue unterbringen
für lange. Das Licht muss
die Hügel und Weingärten
haben, die schmutzigen Fenster
des Hauses am Berg und
den kleinen Tisch. Einpacken
in ein Wort, zwei Farben
genügen.
Verabredungen für später.

An den Mittagen sind Türen und Fenster geöffnet, die Tische und Stühle werden
ins Freie gebracht. Weißes Licht geht auf der Hauswand spazieren und versilbert
die Geometrie der Altweiberfäden. Die Weinblätter verfärben sich und das Nußlaub
hängt erschöpft an den Ästen. Ich mach mir was draus, sagt der Zeichner, was
meint er damit. Die Jahreszeit? Die kann er haben.

November

Zyklus mit sechs Zeichnungen
Privatsammlung, Berlin

Technik: Buntstift, Gouache, Ölkreide · Originalformat: 36,2 x 51 cm

November gezeichnet und geschrieben in Berlin, 8.-11.11.1981

November
gezeichnet
und
geschrieben
in Berlin
8.–11.11.
1981.

Regenzeit November, im kurzen Licht erscheinen die letzten Farben, Ahornschauer, stürzendes Laub und schleifende Blätter. Der Maulwurf verschwindet in mürrischen Meditationen. Es beginnt die Ära der Schlafmützen Stubenfliegen Ofenhocker und Allerseelenchristen.

Schwarze Abende, Regen, verfaultes Gold. Die Zeit geht in Gummistiefeln durch nasses Laub. Nasser Wind frißt die Blätter der fränkischen Obstgärten. Die Regenrinnen spucken und schmatzen in der Nacht. Der Rabe schwingt sich über die Chaussee und verschwindet im weißen Luftraum.

Schwarze Abende, Regen, verfaultes Gold. Die Zeit geht in Gummistiefeln durch nasses Laub. Nasser Wind frisst die Blätter der fränkischen Obstgärten. Die Regenrinnen spucken und schmatzen in der Nacht.
Der Rabe schwingt sich über die Chaussee und verschwindet im weissen Luftraum.

Zuhause ist nichts los. Die Zeichenpapiere liegen im Dunkeln und das ABC wurde eingemottet. Man macht ein paar Reisen nach Deutschland oder Venedig, und erfährt den Rest der Welt als Wassersuppe.

Tagtraum ist das Beste und Schlafen das Schönste. Die Weingärten werden grau und der neue Wein ist getrunken. Die Feuer der Waldarbeiter rauchen im Regen. Die Liebespaare sitzen im Auto fest.

Das Schilf an den Seen wird fahl und das Wasser dunkel. Lichtlose Tage, vogelfreie Stille. Aus dem Süden kommen verspätete Postkarten, unleserliche Freunde. Die Toten flüstern ihre Memoiren und der heilige Regenschirm wird einmal mehr eingesegnet von Christopherus, dem betrunkenen Fährmann.

Die Nässe

Zyklus mit sechs Zeichnungen

Technik: Buntstift, Gouache · Originalformat: 36,4 x 50,9 cm

Die Nässe ein Winterpoem,
gezeichnet und geschrieben in Bacchereto, Casa Drovandi
in unmittelbarer Nähe des Küchenofens. 6.-10. Januar 1982

Die Nässe

ein winter poem.
gezeichnet
und
geschrieben
in Baccereto
Casa Drovandi
in unmittelbarer
Nähe des
Küchenofens.

6.–10.
Januar
1982.

Die Nässe ist eine Erfindung des Froschkönigs. Die Menschheit verdankt ihr das Rheuma und dieses Winterpoem. Ich verdanke ihr schöne schleichende dunkle Tage am Monte Albano, triefende, schwimmende Zeit in fast jeder Stunde und einen alten Küchenofen, mit dem ich Holzhackerfreundschaft spiele – mein trockener Partisan, mein Feuerschlucker, mein friedlicher Rauchpilz.

Nässe, kalt und schrecklich, trübe und dunkel, klamm und heimlich, wollefressend und blöde, triefend und dunstig, Nässe, die schwarzes Laub frißt und Felsen beschlägt, durch Wurzeln sickert und in den Bäumen knistert, Kastanienschalen verdaut im Hohlweg und frostig in die Bronchien schwimmt. Farblose Nässe, schwammig dick und dünn, Nässe in Katzenfell und Fasanenfedern.

Die Nässe schlägt durch die Wand auf die kalten Kacheln. Die Kleider und Lungenflügel sind gedunsen, der Himmel ist finster geschwollen und als Eisschrank benutzt man den klebrigen Küchenboden. Die Wasseradern schwellen, das tote Laub verfällt in Lehm und Brühe, die organgefarbenen Weiden leuchten im stürzenden Abend. Die achtzigjährige Katze flüchtet in den Ofen und studiert die Poesie der Eskimos. Stille Nässe, meine lautlose Freundin, zahnloses Nagetier. Nobody here but us chickens! Faulende Äpfel im Schlamm.

Nässe, Nässe, triefäugige Chimären aus Nonsens und Nebel. Dicke, dunstige Wassertiere, die auf Patschpfoten durch die Oliven schleichen. Da setzt man sich lieber auf eine solide Wolke, baut sein Fundament aus Hagelkörnern, korrespondiert mit dem Tagmond und zählt die Vögel, die nicht abgeschossen wurden. So schwebt man über dem eigenen Holzkamin und verspeist die Wintersonne peu à peu.

"Näm, näm," triefäugige Chimären aus Nonsens und Nebel. Dicke, dunstige Wasser=
tiere, die auf Patschpfoten durch die Beeren schleichen.
Da setzt man sich lieber auf eine solide Wolke,
baut sein Fundament aus Hagelkörnern,
korrespondiert mit dem Tagmond und zählt
die Vögel, die nicht abgeschossen wurden.
So schwebt man über dem eigenen Holzkamin
und verspeist die Wintersonne peu à peu.

Ende eines Winters

Zyklus mit sechs Zeichnungen

Technik: Bleistift, Buntstift, Gouache, Ölkreide · Originalformat: 44,5 x 62,4 cm

Ende eines Winters gezeichnet und geschrieben in Berlin, an heller werdenden Tagen im Februar. 15.-20.2.1982

Ende eines Winters

gezeichnet und geschrieben in Berlin, an heller werdenden Tagen im Februar.

15–20.II.
1982

Der paradiesische Schnee liegt alt in den Straßen, verrußte Haufen voll Streusand und Viehsalz, die Nächte leuchten nicht mehr, der Boden ist finster. Sprühnebel verdunkelt die Autobahnen, an hellen Mittagen leuchtet das Eis auf den Seen. Berlin ist ein Hymnus auf den Smog und die Nässe die Brandmauern triefen, der Himmel zieht sich nach Sibirien zurück.

Der paradiesische Schnee liegt alt
in den Strassen, verrusste Haufen voll
Hensand und Viehsalz, die nächte
leuchten nicht mehr, der Boden
ist finster. Sprühnebel verdunkelt
die Autobahnen, an hellen Mittagen
leuchtet das Eis auf den Seen. Berlin
ist ein Hymnus auf den Smog
            und die nässe
die Brandmauern tiefen, der Himmel
zieht sich nach
Sibirien zurück.

Hinter der Mauer verfaulen die Granaten. Schöne Bilder kann man mit Kreide malen, der Regen wäscht sie weg, sie kommen wieder, Himmel- und Höllspiel der Zwergpilzganoven aus Kreuzberg, es liegt in New York an dunklen Tagen, in der Nähe von Brooklyn, man fährt in der U-Bahn hin. Es liegt auch in der Türkei aber ohne Sonne, der schwarze märkische Matsch macht alle Stiefelchen traurig.

2.
Hinter der Mauer verfaulen die
Granaten. Schöne Bilder kann
man mit Kreide malen, der
Regen wäscht sie weg, sie kommen
wieder. Himmel- und Höllspiel
der Zwergpilzganoven aus Kreuzberg,
es liegt in New York an dunklen
Tagen, in der Nähe von Brooklyn, man
fährt in der U-Bahn hin.
Es liegt auch in der Türkei
aber ohne Sonne,
der schwarze
märkische Matsch
macht alle Stiefelchen
traurig.

Auf den Spielplätzen wird die schöne Welt verspielt. Kleine Hosenböden sind in Betrieb, rutschen im wässrigen Eis und alles ist gut. Der Himmel will keine gestiefelte Sonne haben, sie will ein ungestiefeltes Licht an solchen Plätzen. Man schreit gegen die Mauern und Parkplätze, es gibt kein Gedicht dafür. Eis, Eis, schwarz oder weiß. Die ausgelaugten Pappeln klappern im Ostwind.

Die kleinsten Hausbesetzer sind in Aktion. Sie besetzen die lichtlosen Höfe mit ihren hellen Augen und kichern vor Vertraulichkeit. Irgendwas muß man haben, da hat man die Spielplätze unter der Autobahn, das vergiftete, herrliche Eis und den verschissenen Sand. Man hat seinen Abenteuerspielplatz und macht sich dort mausig. Die Republik der Kinder klettert auf das Dach der Welt und verkündet Sonne für alle, die glücklicher als erwachsen sind.

4

Die kleinsten Hausbesitzer sind in Gittin. Sie besetzen die lieblosen Höfe mit ihren hellen Augen und vielen Vertraulichkeit. Irgendwas muss man haben, da hat man die Spiel= plätze unter der Autobahn, das vergiftete, herrliche Eis und den verschissenen Sand. Man hat seinen Abenteuerspielplatz und macht sich dort mausig. Die Republik der Kinder klettert auf das Dach der Welt und verkündet Sonne für alle die glücklicher als erwachsen sind.

der bengel da mit seine ohren.

So geht das immer weiter in die Sonne, bis auch der Sommer an den Winter glaubt. Der hat das Eis und die Kälte abgeschrieben und die Hosenböden werden zu Hause getrocknet. Aber gegen Morgen, wenn die Trinker nach Hause kommen und die netten Leute in den Betten schnarchen, hörst du – was hörst du – du hörst eine Amsel im Hof, sie zwitschert im letzten Dreck und du kannst sie hören.

– Tu périras d'oubli et dévoré d'orgueil
– Qui mais l'odeur des lys! la liberté des feuilles!

(René Guy Cadou)

Zu den Bildmappen

Weltraum aus Atem und luftige Subversionen, aber was heißt das. Ich komme zurück in die Landschaft und in die Stadt und erzähle mir selbst, daß ich bin, wo ich sein will. Dort, wo ich sein will, bin ich am besten. Im Lauf der Zeit, und wenigstens einmal im Jahr, zeichne ich auf, wo ich bin, da entfällt jeder Nebengedanke. Ich bin im Schnee, in der Sonne, und froh darüber. Mein Hauptberuf ist da sein, ich erfülle ihn restlos, den Tag und und die Nacht, meinen herrlichen Atemraum. Der Siebenschläfer bewegt sich im Dach, das steht nicht zur Debatte, regt niemanden auf und beschäftigt keinen, provoziert keine Leserbriefe, doch hat es damit etwas auf sich. Es ist ein alltäglicher Vorgang und das gefällt mir. Im Nichtbesonderen bin ich mit Freude zuhaus. Dort wird die Welt als Schrift und Farbe sichtbar, da kann man behaupten, der Zeichner »nimmt sich jahreszeitlicher Stimmungen an.«

Mit den Mißverständnissen bin ich in gutem Einvernehmen, habe sie gern. Sie sind mit sich selbst zufrieden, es wären sonst keine. Wer sie äußert ist auch zufrieden, denn er hält sie für Überzeugungen. Ich selbst bin mit ihnen zufrieden, sie erscheinen als dienstbare Geister. Sie beherrschen den Vordergrund, kuriose Ungetüme, und lassen den Hintergrund, wie er sein soll. Man möchte sich amüsieren beim Zeichnen der Bilder, verantwortungslos, ohne Absicht und Relevanz.

Die Kunst soll ernsthaft und wichtig sein, ich bin ganz dafür, aber doch offenbar nicht fest entschlossen. Logbücher im Wetterwendischen, Regen im Juni – na und? Ich zeichne den Regen. Ich zeichnete ihn, als er naß und nicht sauer war, war damals im Recht und bin es täglich mehr. La liberté des feuilles, die Freiheit der Blätter, jeder Baum gehört mir. Ich verschenke ihn blattweise oder in ganzer Gestalt.

Ist es verfehlt, zu sagen, daß ich die Blätter mag? Ich mag sie, wie sie sind, das will was heißen. Mein Freund, der Verleger, mag sie auch, da sind wir schon zwei. Weil ich keine Entwürfe verwende, sondern zeichne und schreibe, wie es der Augenblick will, steht alles, was ich weiß, auf dem Papier.

C. M.

Den Leihgebern und allen am Entstehen des Buches Beteiligten herzlichen Dank.